El Sol

Grace Hansen

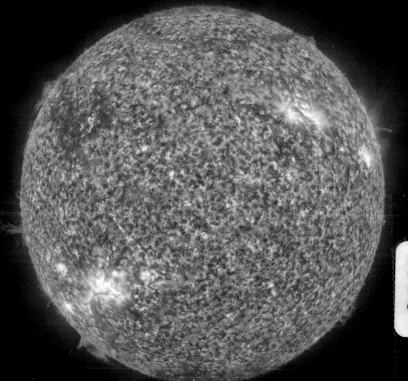

Abdo
NUESTRA GALAXIA
Kids

abdopublishing.com

Published by Abdo Kids, a division of ABDO, P.O. Box 398166, Minneapolis, Minnesota 55439.

Copyright © 2018 by Abdo Consulting Group, Inc. International copyrights reserved in all countries. No part of this book may be reproduced in any form without written permission from the publisher.

Printed in the United States of America, North Mankato, Minnesota.

102017

012018

 THIS BOOK CONTAINS RECYCLED MATERIALS

Spanish Translator: Maria Puchol

Photo Credits: iStock, NASA, Shutterstock

Production Contributors: Teddy Borth, Jennie Forsberg, Grace Hansen

Design Contributors: Dorothy Toth, Laura Mitchell

Publisher's Cataloging in Publication Data

Names: Hansen, Grace, author.

Title: El Sol / by Grace Hansen.

Other titles: The sun. Spanish

Description: Minneapolis, Minnesota : Abdo Kids, 2018. | Series: Nuestra galaxia |
    Includes online resources and index.

Identifiers: LCCN 2017946232 | ISBN 9781532106675 (lib.bdg.) | ISBN 9781532107771 (ebook)

Subjects: LCSH: Sun--Juvenile literature. | Sun--Observations--Juvenile literature. |
    Solar system--Juvenile literature. | Spanish language materials--Juvenile literature.

Classification: DDC 523.7--dc23

LC record available at https://lccn.loc.gov/2017946232

Contenido

¿Cómo se formó el Sol?

El **sistema solar** se formó hace 4,600 millones de años. Lo que significa que el Sol tiene 4,600 millones de años.

4

5

El Sol se formó a partir de una nube gigante de polvo y gas. En un momento dado, fuertes ondas de energía chocaron con la nube provocando que la nube se compactara.

La nube se **densó** pero la **gravedad** hizo que empezara a colapsarse. Por eso la nube empezó a rotar y formar un disco.

9

A medida que el disco rotaba a más velocidad, atraía más material hacia su centro. La masa central se volvió cada vez más caliente provocando la **fusión** del **hidrógeno** en **helio**. Esto provocó una gran concentración de energía. ¡Así nació el Sol!

El Sol

El Sol es una estrella. Es la estrella más cercana a la Tierra. De ahí que se vea mucho más grande que las otras estrellas del cielo.

¡Pero, en realidad, se ve grande porque lo es! Mide 870,000 millas de diámetro (1,400,130 km). ¡Más de un millón de tierras cabrían dentro del Sol!

la Tierra

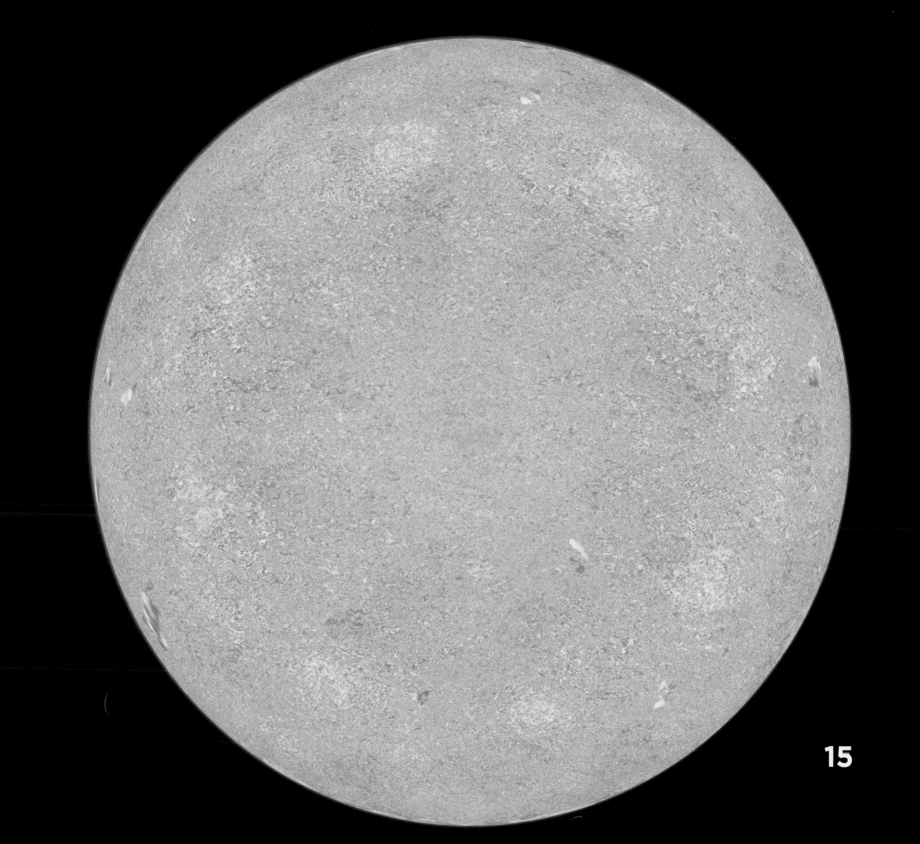

15

El Sol representa el 99.86% de la masa del **sistema solar**. Su fuerza **gravitatoria** es muy fuerte. Por eso los planetas orbitan a su alrededor.

Saturno

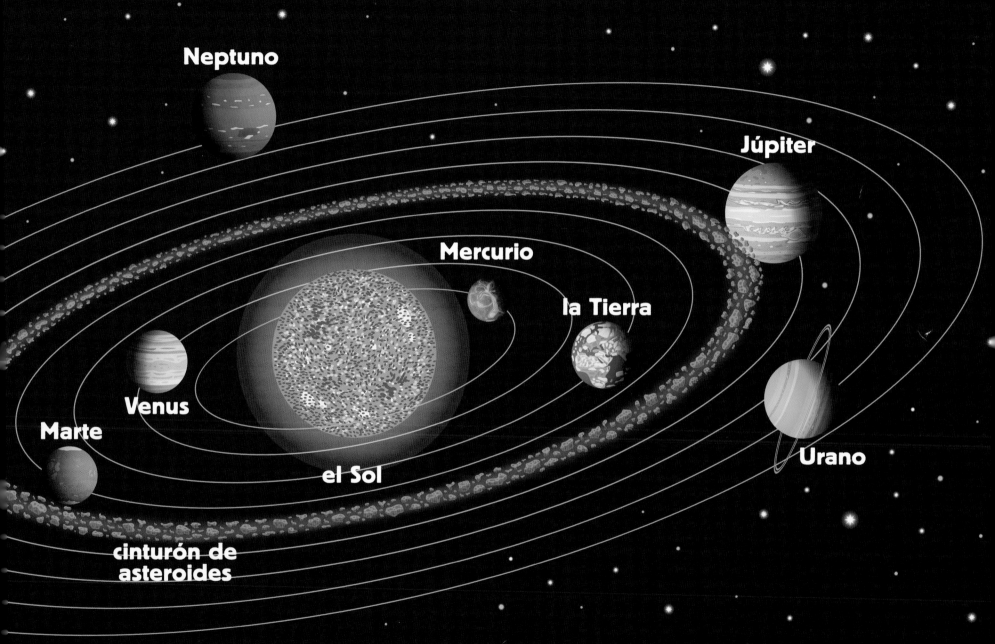

Neptuno

Júpiter

Mercurio

la Tierra

el Sol

Venus

Marte

Urano

cinturón de
asteroides

17

El Sol está formado por muchas capas. El **núcleo** es el centro del Sol. La parte exterior visible se llama la fotosfera.

núcleo

fotosfera

La vida del Sol

El Sol produce energía cada segundo de cada día. La Tierra depende de su luz y su calor. El Sol hace posible la vida en la Tierra.

Más datos

- La luz del Sol tarda ocho minutos en llegar a la Tierra.

- En la actualidad está en el medio de su vida. Se cree que seguirá estable otros 5,000 millones de años.

- Cuando esté cerca de su fin, el Sol se hinchará convirtiéndose en una gigante roja. ¡Cuando esto ocurra, Mercurio, Venus e incluso la Tierra, podrían ser absorbidas por este sol gigante!

Glosario

denso – cantidad de algo que está compacto.

fusión – combinación de núcleos de muchos átomos que crea una cantidad inmensa de energía.

gravedad – fuerza por la que todos los objetos del universo se atraen unos o otros.

helio – gas ligero e incoloro que no se quema fácilmente.

hidrógeno – gas más ligero que el aire, que se prende fuego con facilidad.

núcleo – centro de una estrella donde la temperatura y presión son lo suficientemente altas para producir fusión nuclear, convirtiendo átomos de hidrógeno en helio.

sistema solar – grupo de planetas y otros cuerpos celestes, agrupados en torno al Sol por su gravedad y por ello orbitan alrededor de él.

23

Índice

Abdo Kids
ONLINE
FREE! ONLINE MULTIMEDIA RESOURCES

¡Visita nuestra página abdokids.com y usa este código para tener acceso a juegos, manualidades, videos y mucho más!

Código Abdo Kids:
OTK0543